Hallo, ich bin Anoki.
Für jede Seite, die du fertig hast, malst du eine Computermaus aus.

Mit Hilfe der **Medien** tauschen die Menschen Informationen und Nachrichten aus. Man unterscheidet **analoge Medien** (zum Beispiel Bücher, CDs) und **digitale Medien** (zum Beispiel E-Book, Smartphone).

■ Welche Bilder zeigen digitale Medien? Kreise ein.

- Welche Medien nutzt du? Was tust du damit?

Medium: ______________________________

Das tue ich damit: ______________________________

____

____

____

Medium: ______________________________

Das tue ich damit: ______________________________

____

____

____

- Zu einem Computerarbeitsplatz gehören verschiedene Geräte. Ordne die passenden Bezeichnungen zu: **Rechner, Bildschirm, Maus, Drucker, Headset, Webcam.**

Auf ihm wird das Bild des Computers angezeigt.	Er druckt Texte und Bilder, die am Computer erstellt oder bearbeitet wurden.	Mit ihr kannst du den Pfeil (Cursor) auf dem Bildschirm bewegen und Befehle geben.
______________	______________	______________
Sie macht Fotos oder Videos. Diese können direkt ins Internet übertragen werden.	Es ist eine Kombination von Kopfhörer und Mikrofon. Damit kannst du mit anderen in Kontakt treten.	Hier werden alle Daten verarbeitet und gespeichert.
______________	______________	______________

Mit der Tastatur kannst du auf dem Computer schreiben. Es gibt Tasten für Buchstaben, Zahlen, Satzzeichen und Sonderzeichen. Mit manchen Tasten kannst du auch besondere Befehle geben.

■ Welche Tasten findest du nicht auf der Tastatur? Streiche durch.

Entertaste | Automatiktaste | Leertaste | Löschtaste

Erledigttaste | Umschalttaste | Nachrichtentaste

Wenn man am Computer schreiben möchte, öffnet man ein **Schreibprogramm.** Am oberen Rand des Programms befindet sich die Menüleiste. Dort kann man verschiedene Funktionen auswählen, um den Text zu gestalten.

- Verbinde die Begriffe mit den passenden Symbolen in der Menüleiste.

Schriftart · Schriftfarbe · Schriftgröße · unterstrichen · **fett** · *kursiv* · mittig

■ Der Text ist am Computer geschrieben. Welche Werkzeuge des Schreibprogramms wurden genutzt? Ordne die richtigen Zahlen zu.

Liebe Kinder, [1]

am nächsten **Mittwoch** [2] lade ich euch in unser Heimkino [3] ein. Wir werden uns einen sehr spannenden Tierfilm [4] ansehen. Mehr wird noch <u>nicht</u> [5] verraten. Es gibt selbstgemachtes Popcorn und Limo [6]. Ich freue mich auf euch.

Viele Grüße

Anoki [7]

- ☐ Schriftart
- ☐ Schriftgröße
- ☐ Schriftfarbe
- ☐ fett
- ☐ kursiv
- ☐ unterstrichen
- ☐ mittig

■ Schreibe einen eigenen Text am Computer und gestalte ihn.

Manchmal ist es notwendig, einen Text am Computer zu überarbeiten.
Du kannst Wörter einfügen, löschen oder durch passendere Ausdrücke ersetzen.

Einfügen: Setze den Mauszeiger an die gewünschte Stelle und schreibe.

Löschen: Setze den Mauszeiger hinter das Wort, das du löschen willst.

Drücke die [←]-Taste.

Ersetzen: Markiere mit dem Mauszeiger das Wort. Schreibe das neue Wort darüber.

■ Wie würdest du Kais Text verändern. Male in der passenden Farbe an.

einfügen   löschen   ersetzen

Hallo Anoki,

Danke vielen Dank für deine Einladung zum Heimkino. Ich habe gefreut.
Kann ich noch etwas mitbringen? Kommt Emil auch
und kommt Luna auch?

Viele Grüße von Kai

Einen Text kannst du als Datei auf dem Computer speichern. So kannst du die Datei zu einem späteren Zeitpunkt wieder öffnen.

- Wie sicherst du Dateien?
  Nummeriere die Schritte in der richtigen Reihenfolge.

☐	Gib der Datei einen Namen.
☐	Drücke **Speichern** oder **Sichern**.
1	Klicke das Wort **Datei** oder das Symbol 💾 an.
☐	Wähle einen Ordner aus, in dem du die Datei speichern möchtest.
☐	Tippe auf **Speichern unter**.

- Unter welchem Namen würdest du Anokis Brief von Seite 7 abspeichern?

____

- Zehn Fehler sind versteckt.

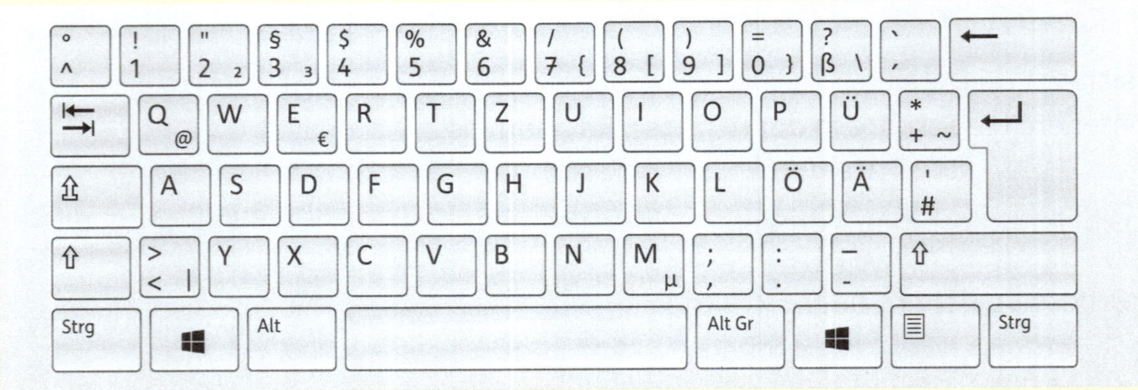

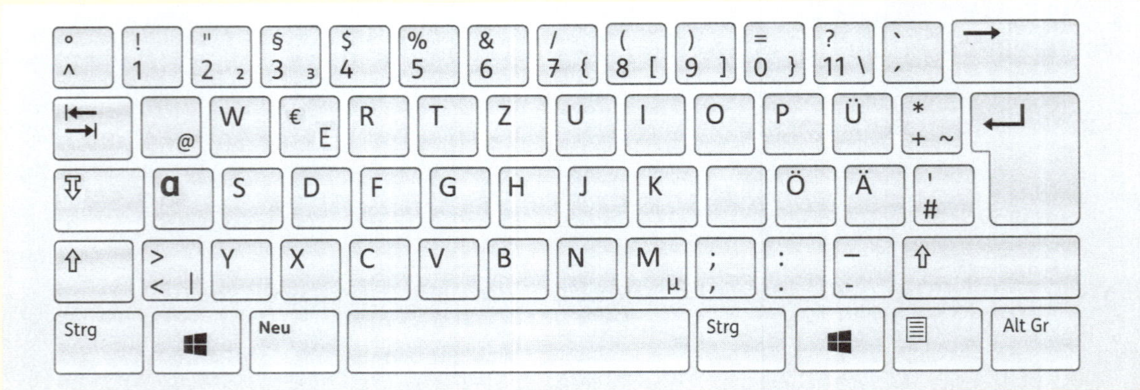

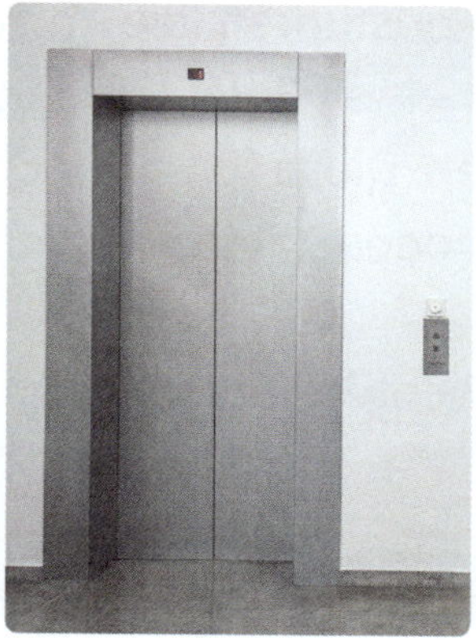

Ampeln, Fahrstühle, Rolltreppen oder Eingangstüren von Geschäften funktionieren automatisch. Sie sind Teil eines Computersystems. Ihr Computer wurde programmiert und führt die entsprechenden Befehle aus.

- Was wird ebenfalls von Computern gesteuert? Male an.

Füller | Küchenmaschine | Auto | Zirkel | Waschmaschine | Fernbedienung

Ein Computerprogramm kann nur die Schritte ausführen, die im Vorfeld eingegeben wurden. Für jeden Schritt erhält der Computer einen Befehl. Die Befehle müssen in einer bestimmten Reihenfolge programmiert werden. Diese führt der Computer dann aus. Auch Anleitungen für Rezepte, Bastelarbeiten oder Spiele sind Befehle.

■ Was musst du bei einer guten Anleitung beachten? Kreuze an.

- [ ] Ich erkläre Schritt für Schritt, was zu tun ist.
- [ ] Ich schreibe auf, wann ich die Anleitung das letzte Mal verwendet habe.
- [ ] Ich beachte die richtige Reihenfolge.
- [ ] Ich sage, was mir nicht gefallen hat.
- [ ] Ich verwende die passenden Begriffe.
- [ ] Ich gestalte alles mit einer besonderen Schrift.

- Das Rezept für den Emoji-Eierkuchen ist durcheinandergeraten. Bringe die Befehle in die richtige Reihenfolge. Nummeriere.

☐ Hellen Teig nach einer halben Minute vorsichtig auf den dunklen Teig geben. Den Eierkuchen bei kleiner Hitze hellbraun backen.

1 Eier und Milch verrühren. Mehl und Puderzucker unterrühren.

☐ Eierkuchen wenden und von der anderen Seite backen. Danach auf einem Teller geben und mit Zucker und Zimt bestreuen.

☐ Butter oder Öl in einer Pfanne erhitzen.

☐ Eine kleine Kelle Teig abnehmen, mit Kakao mischen und in eine Spritzflasche füllen.

☐ Mit dem Kakaoteig ein Emoji-Gesicht in die heiße Pfanne klecksen.

Zutaten für etwa 10 Stück:
4 Eier, 400 ml Milch,
200 g Mehl, 50 g Puderzucker,
etwas Butter oder Öl, 1 TL
Kakao, Zimt und Zucker zum
Bestreuen

Wenn sich ein Befehl wiederholen soll, wird wie bei einem Muster eine Wiederholungsschleife programmiert. Dazu musst du erkennen, welcher Teil eines Befehls sich wiederholt.

- Was wird wiederholt? Setze die Reihen fort.

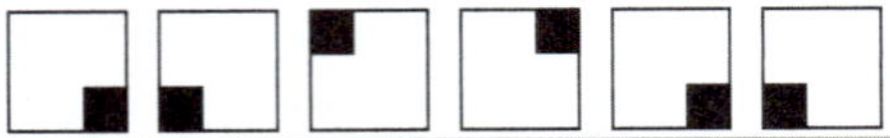

mOPMopmOP

081308130

- Erfinde eine eigene Reihe mit Wiederholungsschleife.

Computer können im Gegensatz zum Menschen keine Entscheidungen treffen. Deshalb muss der Computer so programmiert werden, dass er in der passenden Situation den richtigen Befehl ausführen kann.

- Was gehört zusammen? Verbinde.

Wenn der erste Tag im Monat ist,	dann kann ich spielen.
Wenn ich meine Hausaufgaben fertig habe,	dann kann ich nicht mitmachen.
Wenn ich mein Sportzeug vergessen habe,	bekomme ich Taschengeld.

- Finde eine eigene „Wenn-dann-Entscheidung"

____

Emil und Luna wollen Anoki besuchen. Wenn es regnet, werden sie zu Hause basteln. Wenn nicht, wollen sie rausgehen. Findet Anoki seine Ballpumpe, wollen die drei Ball spielen. Ansonsten spielen sie Verstecken.

■ Was passiert, wenn ...? Fülle die leeren Kästchen aus.

Es regnet. → ______________________

Es regnet nicht. → Emil, Luna und Anoki gehen raus.

Emil, Luna und Anoki gehen raus. → Anoki findet seine Ballpumpe. → ______________________

Emil, Luna und Anoki gehen raus. → Anoki findet seine Ballpumpe nicht. → ______________________

Manchmal gibt es Bedingungen, die erfüllt sein müssen, damit ein Befehl ausgeführt werden kann. Das Computerprogramm prüft, ob die Bedingungen zum Befehl erfüllt sind. Nur wenn sie erfüllt sind, wird der Befehl ausgeführt.

- Welches Tier bekommt in diesem Computerspiel eine Möhre? Male die Möhren ein.

Alle Kaninchen bekommen eine Möhre.
Bedingung: Kaninchen →
Befehl: Möhre

Alle schwarzen Kaninchen bekommen eine Möhre.
Bedingung: schwarzes Kaninchen →
Befehl: Möhre

Befehle, die vom Computer ausgeführt werden sollen, werden in einer Programmiersprache formuliert.

- Mit welchen Schritten kommt die Maus ins Loch? Zeichne fertig.
  Folgende Befehle stehen dir zur Verfügung:

↑ geradeaus	→ nach rechts	← nach links

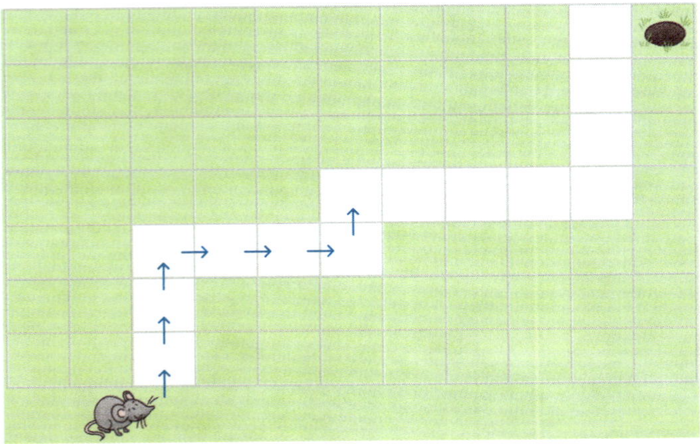

Diese Befehlskette bringt die Maus ins Loch:

Wie kommt das Auto am schnellsten ins Ziel? Schreibe die Befehle für den Computer auf.

↑ geradeaus   → nach rechts   ← nach links

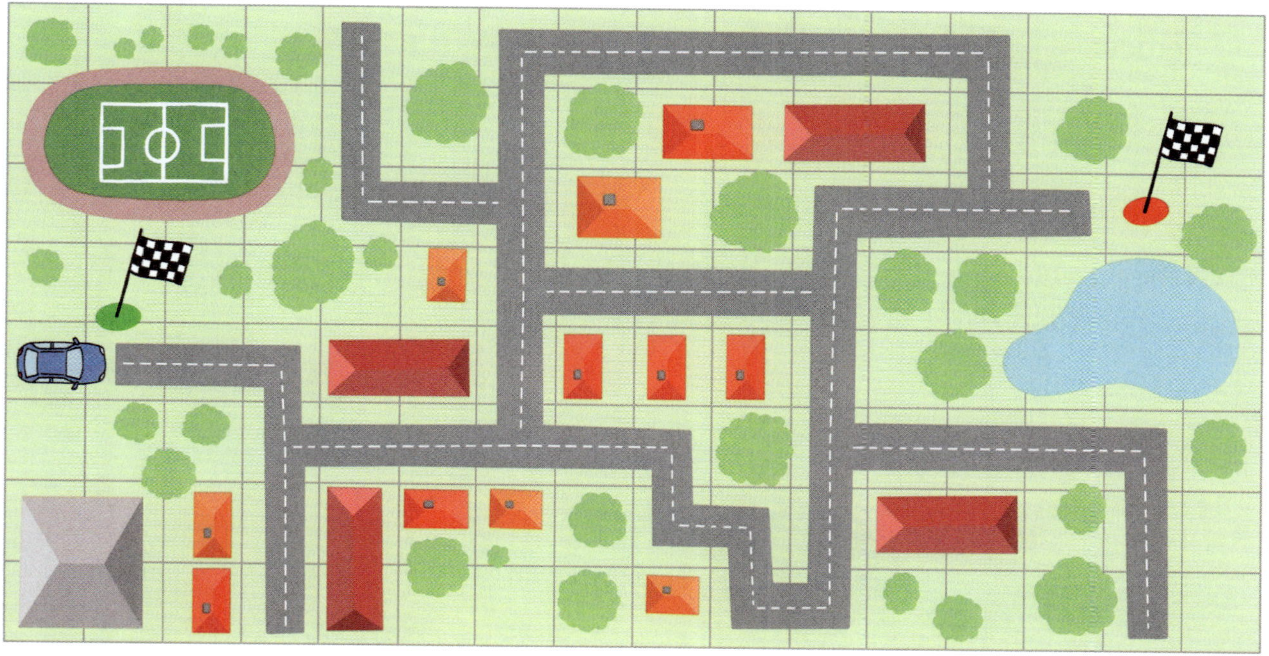

Mach Pause!

- Der Computer erhält folgende Befehle: Wo landet Anoki? Kreuze an.

↑ ↑ ↑ → ↑ ↑ ←

- Ist Anoki auf einer Banane gelandet, geht er weiter zur Kirsche. Ist er auf der Orange gelandet, geht er weiter zum Apfel. Wohin geht er?

____

- Welche Befehle bringen ihn dort hin?

Die Erklärung zu den Symbolen für die Befehle findest du auf Seite 18.

Vor über 50 Jahren gelang es erstmalig, eine Nachricht von einem Computer auf einen anderen zu senden. Seitdem hat sich auf der ganzen Welt ein riesiges Netz entwickelt, ähnlich einem Spinnennetz. Darüber lassen sich Computer, Smartphones oder Tablets verbinden und Nachrichten, Bilder, Daten, Filme oder Texte übertragen. Die Bezeichnung dafür ist **Internet** oder **WWW** (World Wide Web).

- Was kann man im Internet machen? Male an.

Nachrichten senden | Filme sehen | mit dem Hund Gassi gehen | Spiele spielen

Kakao trinken | Informationen recherchieren | Sport treiben | den Wind spüren

Musik hören | Bücher lesen | Pizza backen | Musikvideos ansehen | einkaufen

- Was machst du häufig im Internet? Kreise ein.

Um das Internet nutzen zu können, benötigt man einen Browser (sprich: *brau·ser*). Es gibt verschiedene Browser, die jedoch ähnlich aufgebaut sind und funktionieren.

■ Lies den Text.

Die Internetadresse einer Internetseite gibt man in die **Adresszeile** ein.
Um eine Seite vollständig ansehen zu können, benutze die **Bildlaufleiste** am rechten Bildschirmrand. Hier kannst du die Seite nach oben und unten verschieben. Man sagt auch scrollen. Wenn du auf eine Seite zurück gehen möchtest, benutze den **Zurückpfeil** (←). Mit dem **Vorwärtspfeil** (→) gelangst du auf die nächste Seite.
Hast du eine Seite entdeckt, die du zu einem späteren Zeitpunkt wieder aufrufen möchtest, setze ein **Lesezeichen** (☆).

- Beschrifte die Abbildung. Der Text von Seite 22 hilft dir.

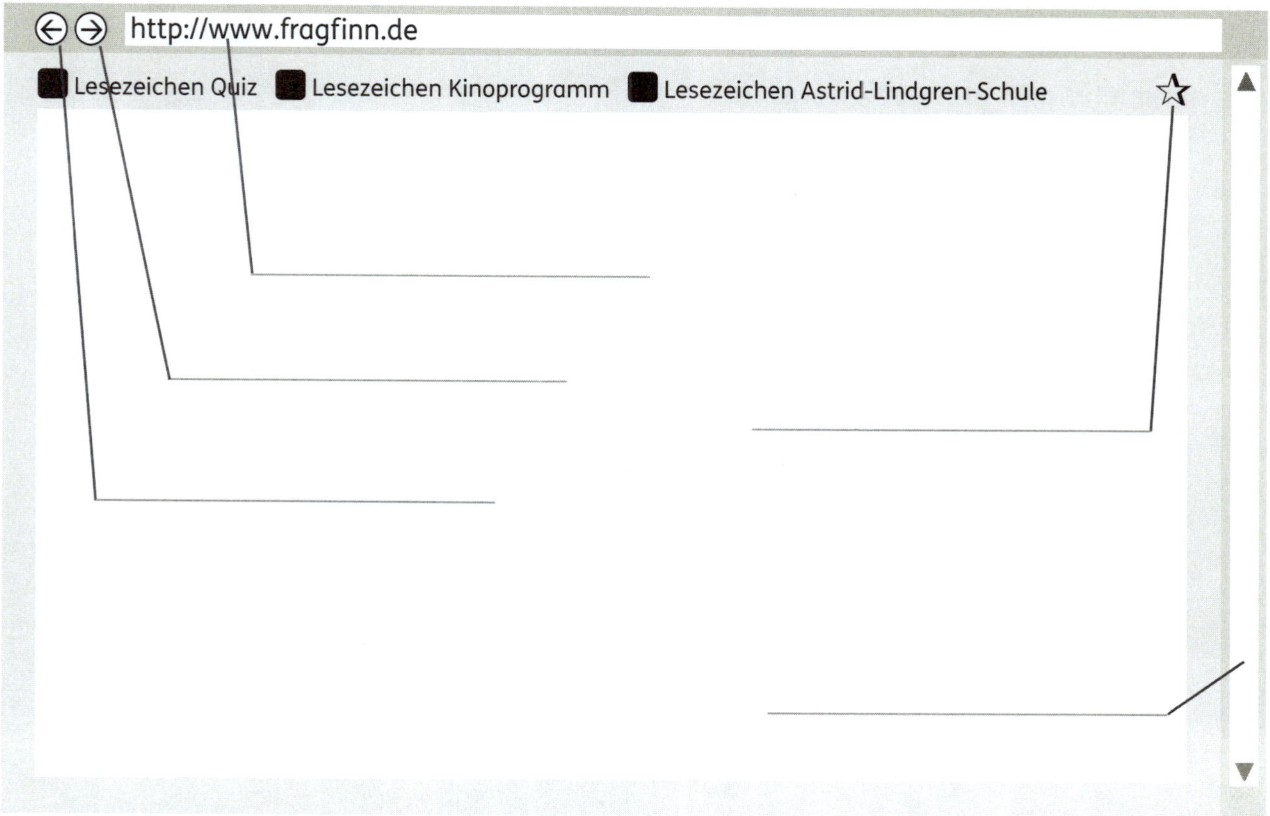

oder **88u6wi**

Für die Suche nach Informationen im Internet brauchst du eine Suchmaschine. Für Kinder gibt es spezielle Suchmaschinen. Sie zeigen nur Seiten an, die auch für Kinder geeignet sind.
Du gibst den Suchbegriff in das Suchfeld ein. Dann drückst du die Eingabetaste oder klickst auf die Lupe. Damit wird die Suche gestartet.

Kindersuchmaschinen sind z. B. www.fragfinn.de, www.helles-koepfchen.de oder www.blinde-kuh.de.

- Ordne die Begriffe richtig zu: **Suchfeld, Suche starten und Suchbegriff**.

______________ ______________ ______________

Genaue Ergebnisse beim Suchen erhältst du, wenn du einen passenden Suchbegriff eingibst. Ein Suchbegriff kann auch aus mehreren Wörtern bestehen.

- Es werden Informationen zur **Ritterzeit** gesucht. Welche Wörter könntest du eingeben? Male an.

Burgen | Ritter | Pferd | Ernährung im Mittelalter | Schach

Minnegesang | Kinder im Mittelalter | Burgfräulein

- Gib deine Auswahl in eine Kindersuchmaschine ein. Waren die Suchbegriffe geeignet?

■ Vergleiche die unterschiedlichen Suchmaschinen mit Hilfe der Tabelle. Suche nach „Ritterturnier“. Kreuze an.

Internetseite 1. Rufe die Internetseite auf. 2. Schau dir die Hauptseite an. 3. Gib das Wort **„Ritterturnier“** in das Suchfeld ein. 4. Klicke auf die Eingabetaste (Lupe). 5. Schau dir die ersten fünf Beiträge an. 6. Schätze die Ergebnisse ein.	www.fragfinn.de	www.helles-koepfchen.de	www.blinde-kuh.de	www.klexikon.de	www.grundschulwiki.de
Ich erhalte Informationen zu Ritterturnieren.					
Ich finde auch Bilder zum Suchbegriff.					
Ich verstehe die meisten Informationen.					
Die Seite ist übersichtlich.					
Es gibt keine Werbung auf der Seite.					

- Löse das Sudoku. Jedes Zeichen darf nur einmal pro Reihe und einmal pro Zeile vorkommen.

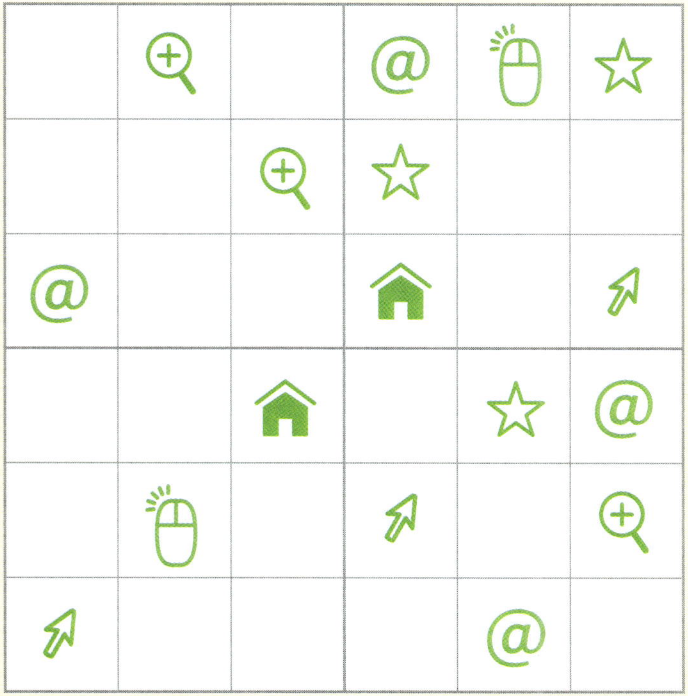

Wenn man im Internet interessante Informationen gefunden hat, kann man sich Textabschnitte oder Bilder kopieren und z. B. in ein Textdokument einfügen.

- Ordne den Arbeitsschritten die Abbildungen auf Seite 29 zu.

1 Markiere einen Text oder ein Bild. Halte dazu die linke Maustaste gedrückt. Ziehe den Mauszeiger über den Text oder das Bild.

2 Klicke mit der rechten Maustaste auf den markierten Text oder das Bild. Nun öffnet sich ein Fenster. Klicke mit der linken Maustaste auf **Kopieren.**

3 Öffne das Schreibprogramm. Klicke im Textdokument mit der rechten Maustaste auf die Stelle, an der du etwas einfügen möchtest. Es öffnet sich ein Fenster. Klicke hier mit der linken Maustaste auf **Einfügen.**

4 Der Textabschnitt ist eingefügt.

5 Gib immer die Internetseite an, auf der du einen Text oder ein Bild gefunden hast. Du kannst sie aus der Adresszeile kopieren. Wenn du den Autor kennst, nenne auch ihn. Das nennt man **Quellenangabe.**

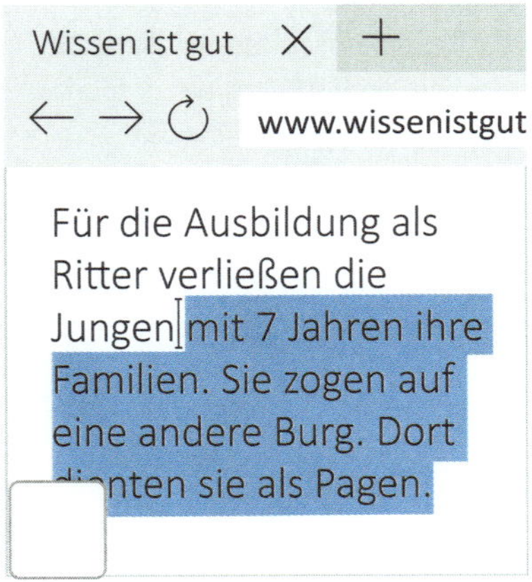
Wissen ist gut
www.wissenistgut
Für die Ausbildung als Ritter verließen die Jungen mit 7 Jahren ihre Familien. Sie zogen auf eine andere Burg. Dort dienten sie als Pagen.

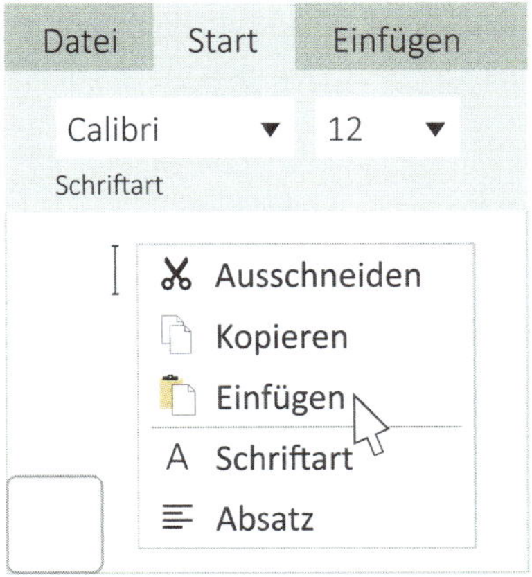
Datei
Start
Einfügen
Calibri
12
Schriftart
Ausschneiden
Kopieren
Einfügen
Schriftart
Absatz

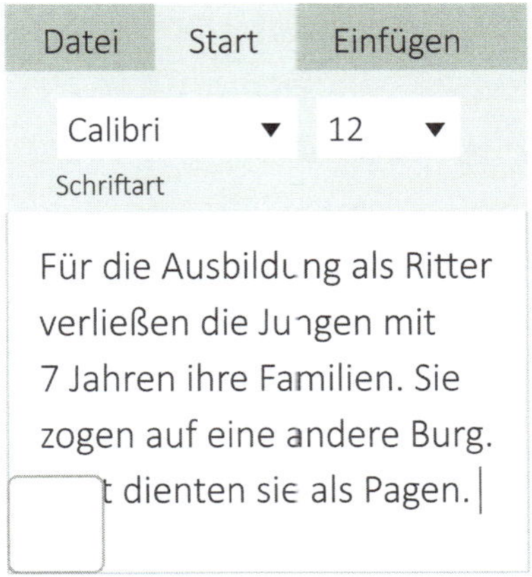
Datei
Start
Einfügen
Calibri
12
Schriftart
Für die Ausbildung als Ritter verließen die Jungen mit 7 Jahren ihre Familien. Sie zogen auf eine andere Burg.
t dienten sie als Pagen.

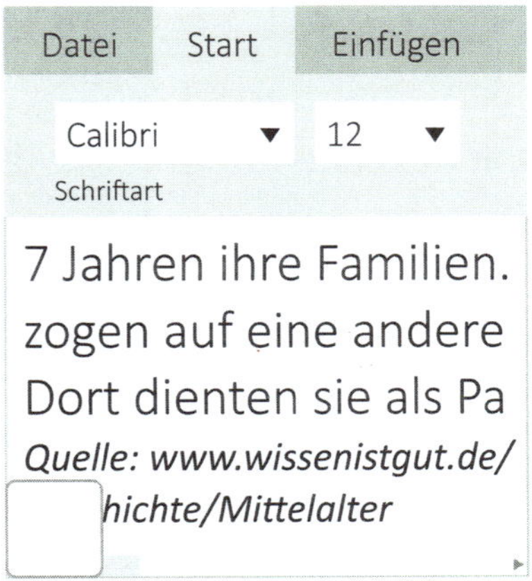
Datei
Start
Einfügen
Calibri
12
Schriftart
7 Jahren ihre Familien.
zogen auf eine andere
Dort dienten sie als Pa
Quelle: www.wissenistgut.de/
hichte/Mittelalter

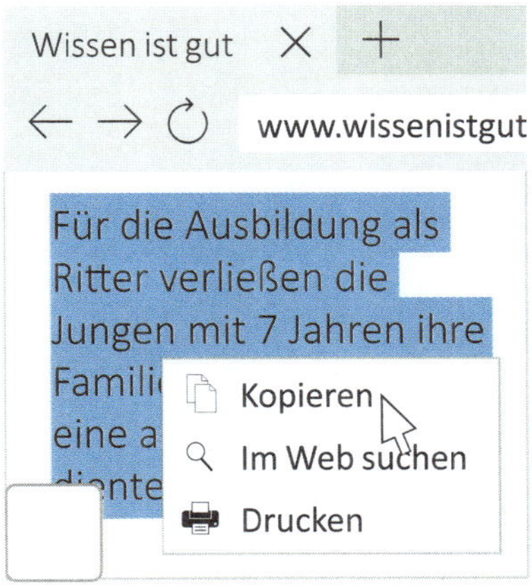
Wissen ist gut
www.wissenistgut
Für die Ausbildung als Ritter verließen die Jungen mit 7 Jahren ihre
Famili
eine a
Kopieren
Im Web suchen
Drucken

Und nun probiert es selbst einmal. Ihr könnt auch Bilder kopieren.

Texte, Bilder, Musik und Videos gehören meistens einer Person. Man nennt die Person Urheber oder Urheberin. Bevor du Dateien, die nicht dir gehören, ins Internet stellst, musst du beim Urheber oder der Urheberin um Erlaubnis fragen.
Du darfst auch kein Foto von anderen Personen veröffentlichen, ohne sie zu fragen.

- Welche Daten darf man nicht auf der Schulhomepage verwenden? Streiche durch und begründe.

Eine Schülerin will ihren Bericht vom letzten Wandertag veröffentlichen.	Das Musikvideo eines bekannten Sängers soll gezeigt werden.

___________________________ ___________________________

___________________________ ___________________________

___________________________ ___________________________

Das Bild einer bekannten Malerin soll für die Einstiegsseite genutzt werden.

Ein Schüler möchte ein Kapitel aus seinem Lieblingsbuch öffentlich machen.

Das Foto vom Schulhaus soll im Internet gezeigt werden.

Eine Schülerin hat ein lustiges Foto von der Schulleiterin gemacht.

Mit einem Präsentationsprogramm kannst du bei einem Vortrag Texte, Bilder und Filme zeigen. Wenn du alle wichtigen Informationen zu deinem Thema gesammelt hast, kannst du eine Präsentation erstellen.

- Die drei Folien auf Seite 33 haben die Kinder für eine Computerpräsentation gestaltet. Nicht alles ist gelungen. Welche Tipps kannst du den Kindern geben?

Jan ______________________________

____

Ronja ______________________________

____

Sina ______________________________

____

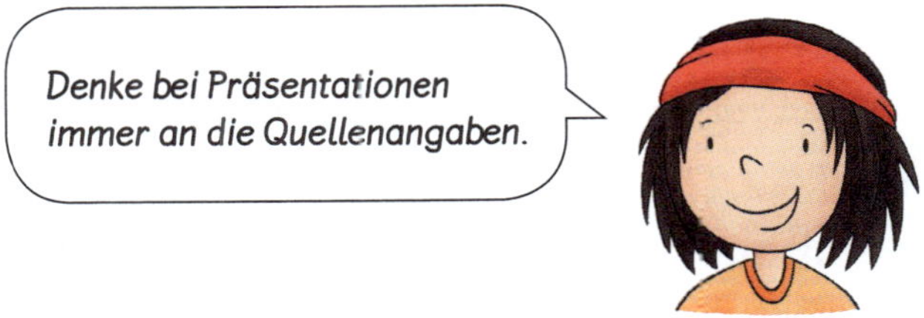

Bäume sind der Lebensraum für viele Tiere. Es gibt Nadel- und Waldbäume. Die Wurzeln verankern den Baum im Boden. Gleichzeitig versorgen die Wurzeln aber auch den Baum mit Wasser und Nährstoffen. Schließlich dient die Wurzel aber auch der Speicherung von Reservestoffen.

Folie von Sina

Die Tiere im Wald

Eichhörnchen haben ein rot-braunes Fell.
Waldmäuse können 10 cm lang werden.
Der Maulwurf kann nur sehr schlecht sehen.

Folie von Jan

Die Pflanzen des Waldes

Die erste Schicht ist die Krautschicht, hier wachsen Farne, Gräser und Kräuter.

Folie von Ronja

Digitale Spiele kannst du alleine oder mit anderen spielen. Es gibt Actionspiele, Geschicklichkeitsspiele, Sportspiele, Lernspiele, ...

Für **digitale Spiele** brauchst du einen Computer, ein Tablet, ein Smartphone oder eine Spielekonsole.

Mit www.blinde-kuh.de findest du viele Lernspiele.

- Kreise alle digitalen Spiele ein.

- Welches digitale Spiel magst du besonders gern? ______________________

Genau wie Filme sind nicht alle digitalen Spiele oder Apps für Kinder geeignet. Die Altersangabe der USK hilft, Kinder und Jugendliche zu schützen.

Du findest geeignete Online-Spiele mit Altersangaben auch auf speziellen Kinderseiten im Internet.

- Welche Spiele sind nicht für Kinder bis 10 Jahre geeignet? Streiche durch.

Um etwas herunterzuladen, brauchst du nur zu klicken. Vorsicht! Nicht jeder Download ist kostenlos. Das ist aber nicht immer gleich zu erkennen. Wenn du Spiele, Filme, Musik oder Ähnliches aus dem Internet herunterladen möchtest, frage zuerst deine Eltern.
Ohne die Erlaubnis deiner Eltern solltest du auch deinen Namen, deine Adresse oder E-Mail-Adresse nicht im Internet angeben.

- Achtung beim Download aus dem Internet. Was stimmt? Kreuze an.

	richtig	falsch
Du kannst alles kostenlos aus dem Internet herunterladen.	☐	☐
Frag immer erst einen Erwachsenen, bevor du auf OK klickst.	☐	☐
Auch bei Gewinnspielen solltest du vorher fragen, ob du mitmachen darfst.	☐	☐
Mach den Computer aus, wenn du versehentlich etwas heruntergeladen hast. Dann passiert nichts.	☐	☐

■ Wie kommt Anoki sicher durch das Internet?

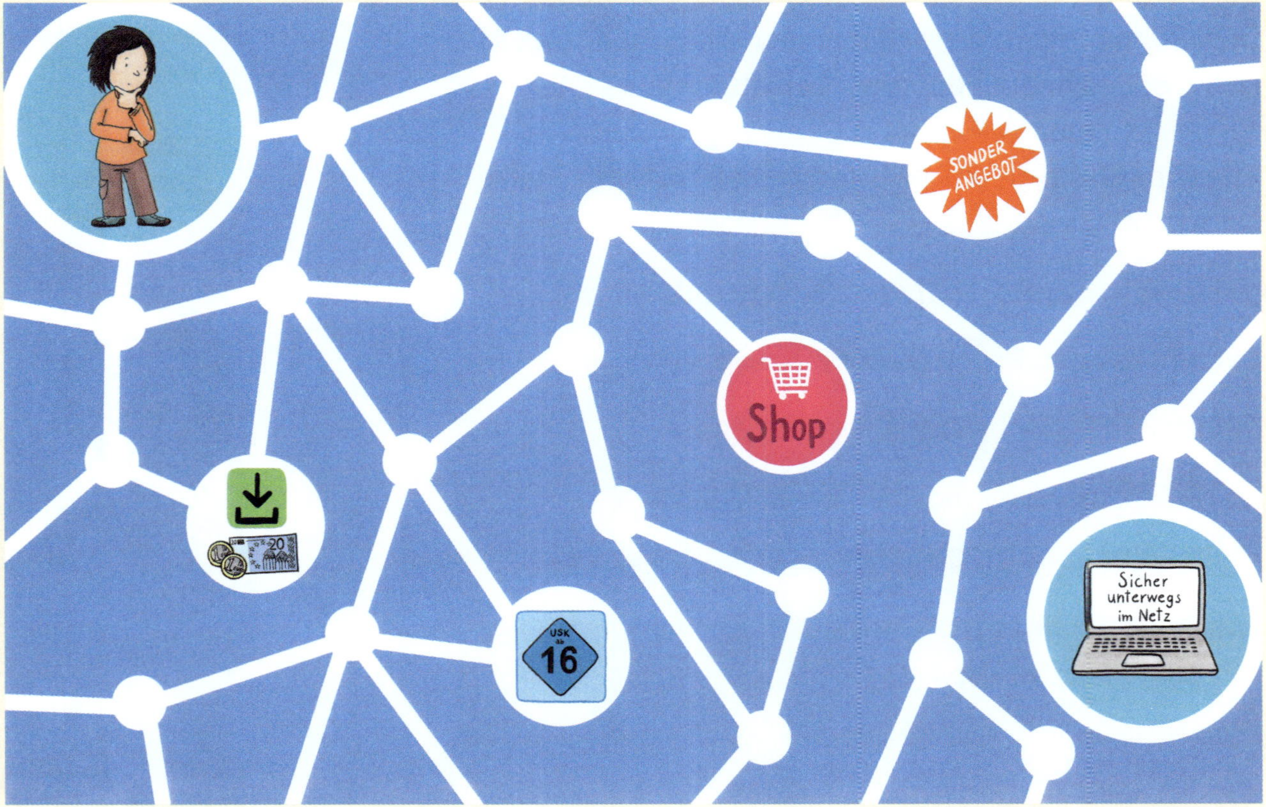

Eine Nachricht kannst du jemandem über das Internet als E-Mail schreiben.
Dazu brauchst du eine E-Mail-Adresse, genauso wie der Empfänger.
Dein E-Mail-Programm zeigt deine Adresse automatisch.
Du musst den Absender nicht eingeben.

Empfänger: An diese E-Mail-Adresse(n) schickst du die Nachricht.

Anrede: Sprich den Empfänger immer an.

Betreff: Gib den Grund deiner E-Mail an.

Inhalt: Hier schreibst du dein Anliegen.

Gruß: Verabschiede dich immer freundlich.

Name: Unterschreibe am Ende mit deinem Namen.

Weitere Empfänger: Hier kannst du die E-Mail-Adresse weiterer Personen angeben, die die Nachricht nur als Information bekommen sollen, aber nichts tun müssen.

- Ordne die Elemente einer E-Mail zu. Markiere mit den richtigen Farben von Seite 38.

Neue Nachricht

Von	Luna02@dort.de
An	Anoki@klett.de
Cc	Emil@hier.de
Betreff	Bude bauen am Donnerstag

Lieber Anoki,

wir wollen am Donnerstag im Wald an der alten Eiche eine Bude bauen. Emil und ich haben dort schon Äste und Zweige gesammelt. Wir treffen uns um 15 Uhr vor der Schule. Möchtest du mitbauen? Wir würden uns sehr freuen.

Liebe Grüße
Luna

Das Smartphone gehört zu den digitalen Medien.
Es funktioniert wie ein kleiner Computer.

- Wofür kannst du ein Smartphone verwenden?

____

____

____

- Was bedeuten die Symbole auf dem Smartphone? Verbinde.

Taschenlampe | Gerät gesperrt | lautlos | Ladezustand Akku

neue Nachrichten erhalten | WLAN-Verbindung | Flugmodus aktivieren | Anzeige automatisch drehen

Ein Tablet zählt ebenfalls zu den digitalen Medien. Es ist ein flaches Gerät, bei dem der Bildschirm und der Computer eine Einheit bilden. Du kannst es mit deinem Finger oder einem Touchpen (sprich: tatsch-pen) bedienen.

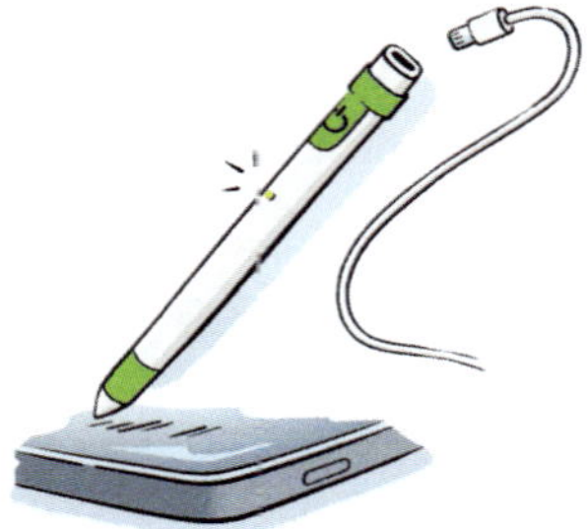

- Ordne die Teile zu: Ein-/Austaste, App, Bildschirm, Kamera Lautstärkeregler, Ladebuchse, Kopfhöreranschluss, Lautsprecher.

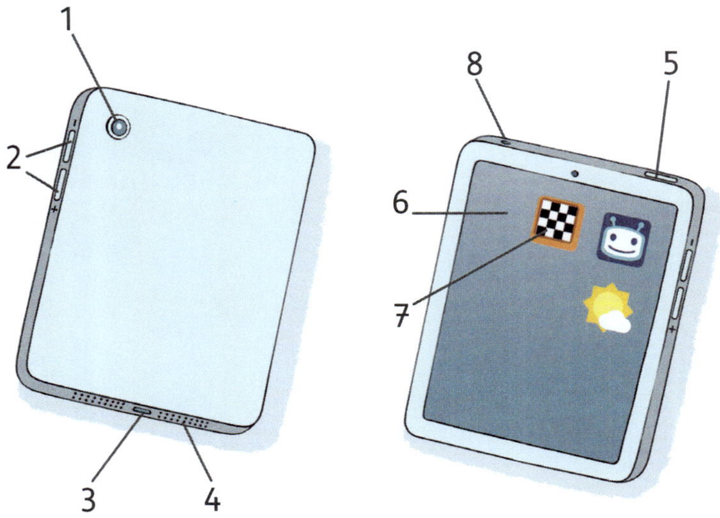

1 ______________________

2 ______________________

3 ______________________

4 ______________________

5 ______________________

6 ______________________

7 ______________________

8 ______________________

Eine App ist ein Programm, welches du dir auf dein Smartphone oder Tablet laden kannst. Es gibt viele verschiedene Apps. Bevor du dir eine App herunterlädst, musst du einen Erwachsenen fragen. Viele Apps kosten Geld.

„App" ist eine Abkürzung für das englische Wort „application". Im Deutschen bedeutet es „Anwendung".

■ Wozu kann man diese Apps benutzen?

____

____

____

____

____

Mit Hilfe deines Handys oder Smartphones hast du viele Möglichkeiten, mit anderen in Kontakt zu treten. Wenn du eine kurze Textnachricht versenden möchtest, kannst du eine **SMS** schreiben. SMS ist eine Abkürzung für **S**hort **M**essage **S**ervice. Man kann es mit Kurznachrichten-Dienst übersetzen.
Eine SMS ist meist in wenigen Sekunden beim Empfänger angekommen. Eine SMS darf nicht mehr als 160 Zeichen haben, dabei zählen Leerzeichen mit.

- Anoki hat eine SMS an Luna geschrieben.
  Sie hat mehr als 160 Zeichen.
  Wo könnte Anoki kürzen?
  Streiche durch.

In einem sozialen Netzwerk im Internet kannst du dich mit vielen anderen Personen austauschen. Du kannst mit Freunden chatten, dich bei anderen informieren, Bilder oder Videos posten, Hilfe finden. Aber du solltest vorsichtig sein. Du weißt nicht immer, wer sich hinter einem Profil verbirgt. Bevor du dich in einem sozialen Netzwerk anmeldest, solltest du Folgendes beachten:

- Frage zuerst einen Erwachsenen um Erlaubnis.
- Informiere dich mit einem Erwachsenen über das Netzwerk. Oft muss man ein bestimmtes Alter haben, um es nutzen zu dürfen.
- Gib keine persönlichen Daten (vollständiger Name, Adresse, Telefonnummer) von dir an.
- Überlege dir ein sicheres Passwort. Es sollte immer auch Zahlen und große und kleine Buchstaben enthalten. Verrate es niemandem.

■ Wer verhält sich richtig? Male an.

Mein Name im Kindernetzwerk ist Luni_Spatz.

Ich habe mich gestern alleine bei einem tollen Netzwerk angemeldet. Da sind viele Jugendliche. Auch mein großer Bruder ist da.

Meine Mama und ich haben uns Netzwerke für Kinder angesehen. Am Wochenende nimmt sich Mama Zeit und ich kann mich anmelden.

Mein Passwort für das Netzwerk ist: Schmusebaer_2512.

Wem würdest du im Internet was anvertrauen? Kreuze an.

	Personen, die ich gut kenne	Fremden
Name und Adresse	☐	☐
Telefonnummer	☐	☐
Geburtsdatum	☐	☐
besondere Kennzeichen	☐	☐
Hobbys	☐	☐
Lieblingsmusik	☐	☐
Lieblingsbuch	☐	☐
Was ich toll finde	☐	☐
Was ich nicht mag	☐	☐
Namen meiner Freunde	☐	☐

■ Wer chattet mit wem?

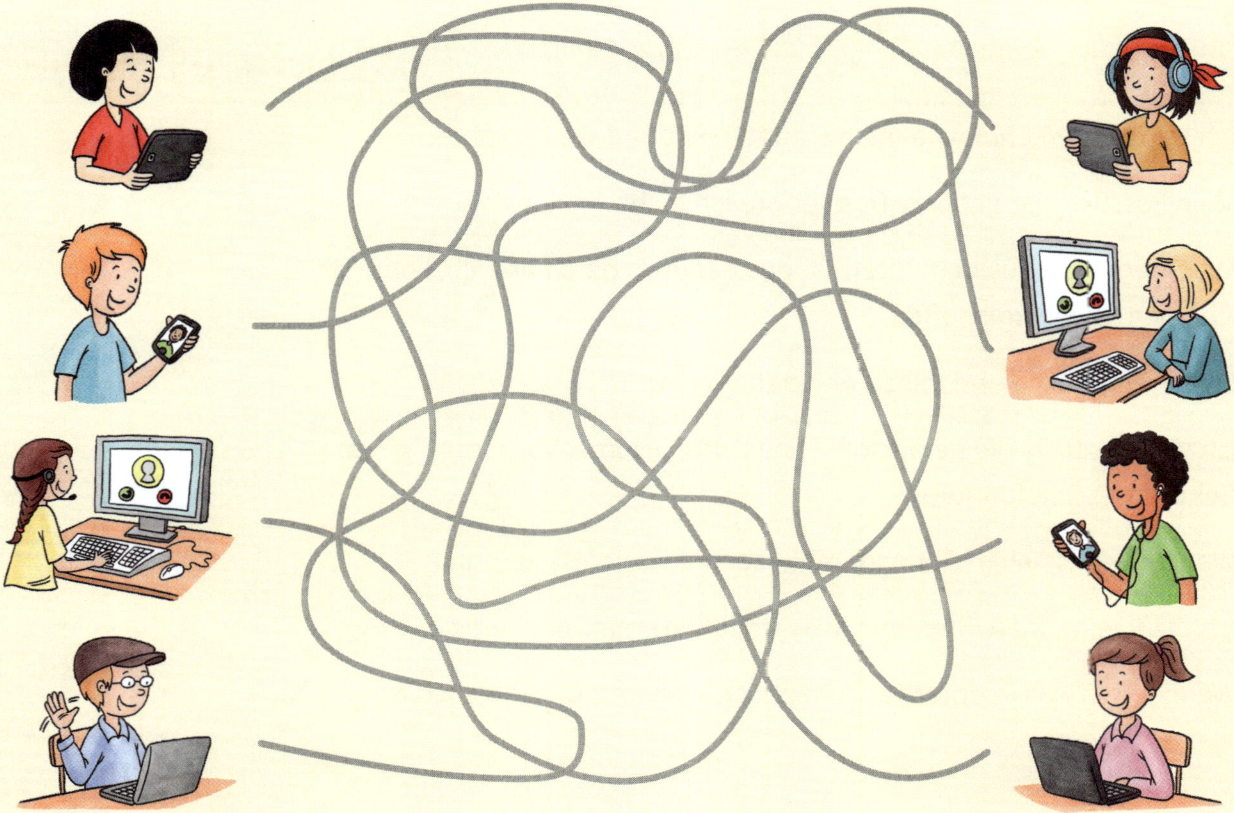

- Mit welcher Aussage halten die Kinder sich an die Regeln? Kreuze an.

	falsch	richtig
Ich schreibe im Chat, wie mein Freund heißt und wo er wohnt.		
Mein Passwort ist geheim. Das verrate ich nicht.		
Mit einem Kind aus dem Internet, das genauso alt ist wie ich, kann ich mich unbesorgt treffen.		
Ich bin freundlich und fair zu anderen im Chat.		
Ich veröffentliche keine persönlichen Daten (Name, Vorname, Adresse, Geburtstag, Telefonnummer).		
Wenn es ein Spiel im Angebot gibt, lade ich es sofort herunter.		
Ich erzähle meinen Eltern nie, was ich im Internet mache.		
Wenn mir etwas im Internet unheimlich vorkommt, erzähle ich es meinen Eltern.		

Test, S. 52

- Führe eine Woche lang ein Medientagebuch. Trage ein, wie lange du diese Medien jeweils genutzt hast.

Medium	Mo	Di	Mi	Do	Fr	Sa	So
Computer/Laptop							
Tablet							
Spielkonsole							
Fernseher							
Buch/Zeitschrift							
Smartphone							

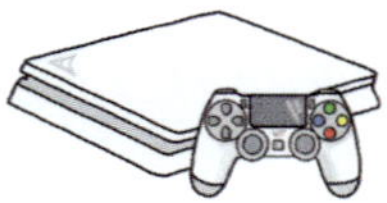

■ Schau auf Seite 49. Welches Medium hast du am längsten genutzt? Wozu?

Tag	am längsten genutztes Medium	Was hast du damit gemacht?
Mo		
Di		
Mi		
Do		
Fr		
Sa		
So		

Es kann großen Spaß machen, mit dem Tablet zu spielen, Musik mit dem Smartphone zu hören oder am Laptop mit anderen zu chatten. Aber manche Kinder beschäftigen sich kaum noch mit anderen Dingen. Dabei ist es wichtig, Freunde zu treffen, draußen zu spielen oder mit Oma einen Kuchen zu backen.

- Welche „Abs“ fallen dir ein, für die du keine digitalen Medien benötigst? Schreibe und male.

Ab! Singe dein Lieblingslied.	Ab! ________ ________ ________	Ab! ________ ________ ________	Ab! ________ ________ ________

1 Welche Geräte gehören zu einem Computerarbeitsplatz? Schreibe fünf auf.

5

2 Welche Regeln musst du bei der Nutzung des Internets und in sozialen Netzwerken beachten? Schreibe vier Stichpunkte auf.

4

3 Wie heißen die Elemente einer E-Mail?

____

____

____

____

____

____

____

Neue Nachricht

Von	Anoki@klett.de
An	Luna02@dort.de; Emil@hier.de
Cc	Mama@immerda.de
Betreff	AW: Bude bauen am Donnerstag

Liebe Luna, lieber Emil,

das ist eine super Idee. Ich komme am Donnerstag gern mit und werde um 15 Uhr an der Schule sein. Ich bringe belegte Brote mit. Budebauen macht sicher hungrig.
Ich freue mich.

Liebe Grüße
Anoki

/7

/16 ☺ ☺ 😐 ☹

Bildschirm – zeigt das Bild des Computers an

Browser – Computerprogramm, mit dem du dir Internetseiten ansehen kannst

Computer – ein elektronisches Gerät, welches Daten verarbeitet und speichert

Drucker – druckt Texte und Bilder, die am Computer erstellt oder bearbeitet wurden

E-Mail – „e“ steht für elektronisch, „Mail“ für Post. Es ist ein elektronischer Brief, der über das Internet versendet wird.

E-Mail-Adresse – wird gebraucht, um eine E-Mail versenden und empfangen zu können

Headset – eine Kombination von Kopfhörer und Mikrofon. Damit kann man mit anderen in Kontakt treten.

Internet – riesiges, weltweites Computernetzwerk zum Austausch von Nachrichten und Informationen

Maus – bewegt den Pfeil (Cursor) auf dem Bildschirm und gibt dem Computer Befehle

Medien – ermöglichen den Austausch von Nachrichten und Informationen. Sie dienen auch zum Lernen, zur Unterhaltung oder zum Spielen.
Analoge Medien – sind meist gedruckte Materialien wie z. B. Bücher, Zeitschriften, Plakate.
Digitale Medien – sind elektronische Medien, mit denen man mit anderen in Kontakt treten und sich verständigen kann (z. B. Handy, Computer usw.)

Monitor – siehe „Bildschirm“

Passwort – ein geheimes Kennwort, mit dem nur du dich z. B. in einem sozialen Netzwerk anmelden kannst. Es sollte nicht so schnell zu erraten sein. Man verwendet Groß- und Kleinbuchstaben, Zahlen und Sonderzeichen, z. B. Unterstriche.

Programmieren – das Schreiben von Anweisungen und Befehlen, die der Computer ausführen soll

Rechner – siehe „Computer“

Smartphone – ist ein Handy mit besonderen Funktionen. Du kannst es zum Telefonieren benutzen, aber auch damit fotografieren, ins Internet gehen, Musik hören, Apps herunterladen oder spielen.

SMS – steht für Short Message Service und bedeutet Kurznachrichten-Dienst

soziales Netzwerk – hier kannst du dich mit anderen im Internet treffen, dich präsentieren, deine Bilder zeigen und mit Freunden in Kontakt bleiben

Suchmaschine – sie hilft, Internetseiten zu einem bestimmten Thema zu finden

Tablet – flacher Computer, bei dem der Bildschirm und der Computer eine Einheit bilden. Man bedient sie mit dem Finger oder einem Eingabestift (Touchpen).

Webcam – macht Fotos oder Videos, die ins Internet übertragen werden können